# M. ROUHER

PARIS

IMPRIMERIE DE L. TINTERLIN ET Cᵉ

Rue Neuve-des-Bons-Enfants, 3

FÉLIX RIBEYRE

# M. ROUHER

## MINISTRE D'ÉTAT

## ÉTUDE BIOGRAPHIQUE

PARIS

E DENTU, LIBRAIRE-ÉDITEUR

PALAIS-ROYAL, 17 ET 19, GALERIE D'ORLÉANS

1863

# M. ROUHER

## I

Par décret de l'Empereur, daté de Saint-Cloud, 18 octobre 1863, M. Rouher, ministre présidant le Conseil d'État, est nommé ministre d'État, en remplacement de M. Billault, décédé.

En présence de ce choix si important, qu'il nous soit permis de rappeler les principaux traits de la carrière politique du nouveau ministre d'État.

## II

M. Eugène Rouher est né à Riom (Puy-de-Dôme), le 30 novembre 1814, dans la rue à laquelle la reconnaissance de ses compatriotes a donné son nom. Son père, avoué plaidant près du tribunal de Riom, mourut jeune, laissant quatre enfants. Le moins âgé des quatre, M. Eugène Rouher, fut destiné à la marine, et se présenta à quatorze ans à l'École navale d'Angoulême. Il fut admis; mais la destinée, qui ménageait au jeune aspirant de marine un brillant avenir sur la terre ferme, ne permit pas qu'il mît à profit ses heureux débuts. La monarchie de Juillet supprima l'École navale d'Angoulême. M. Eugène Rouher revint à Riom, où il poursuivit ses études qu'il alla bientôt terminer à Clermont. Il partit ensuite pour Paris, afin de suivre les cours de l'École de droit, et, à vingt et un ans, reçu avocat, il revint débuter dans sa ville natale, sous le patronage de son frère aîné, qui occupait l'une des premières places dans le barreau de Riom, et qui a laissé à la Cour les plus purs et les plus sympathiques souvenirs. Déjà le dévouement éclairé de son frère aîné avait pressenti les heureuses dispositions de M. Eugène Rouher, et, avec une abnégation fraternelle qu'on ne saurait trop louer, il voulut partager la charge paternelle et se renfermer dans la procédure pour laisser les plaidoiries au jeune débutant. Ce dernier se montra digne de cette confiance, et s'éleva, en peu d'années, au premier rang, tant au criminel qu'au civil. Plus d'une fois il se rencontra avec des célébrités du barreau de Paris, et l'avocat riomois soutint vaillamment la comparaison.

Sa réputation grandissait. Il devint le gendre de l'honorable M. Conchon, ancien maire de Clermont-Ferrand, et, en 1846, il présenta sa candidature à la députation. Il n'échoua qu'à un petit nombre de voix contre M. Combarel de Leyval, député sortant, et ne tarda pas à prendre sa revanche.

Nommé représentant du Puy-de-Dôme en 1848 par le parti de l'ordre, M. Rouher se range, dès les premiers jours, à l'Assemblée constituante, parmi les défenseurs les plus résolus de l'ordre social. Il prend rarement la parole en séance publique, mais se fait remarquer dans les discussions des bureaux par la simplicité et la correction de son langage, sa dialectique élevée et la rectitude de son jugement. Aux journées de Juin, il se réunit à la députation envoyée par l'Assemblée aux barricades.

## III

L'attitude de M. Rouher sur les bancs de la Constituante lui avait conquis de nombreuses sympathies et avait accru la confiance de ses commettants. Quarante-deux mille suffrages l'avaient appelé à la première Assemblée; cinquante-quatre mille voix lui ouvrirent les portes de l'Assemblée législative. Là encore il donna son appui à la cause de l'ordre, et fut choisi comme rapporteur de la loi relative à l'organisation judiciaire du 11 août 1849, qui a rétabli l'inamovibilité, brisée de fait par la révolution de février. Fils et frère de magistrat, enfant d'une cité qui emprunte à la magistrature son importance et sa renommée, magistrat lui-même, M. Rouher plaida avec la chaleur d'une conviction profonde la cause de l'inamovibilité, et rendit ainsi un service signalé à tout le corps judiciaire.

De telles preuves de mérite supérieur et d'aptitude aux affaires politiques ne pouvaient passer inaperçues, et lorsqu'en 1849 le Prince-Président, voulant se dégager des liens des anciens partis, sentit la nécessité de s'entourer d'hommes nouveaux, il confia le portefeuille de la justice au jeune représentant du Puy-de-Dôme. M. Rouher se maintint à la hauteur de son mandat, et son talent grandit avec sa fortune politique. Dans cette période agitée de notre histoire contemporaine, il dessina nettement son attitude en faveur du parti de l'ordre, et se signala particulièrement dans une lutte oratoire contre M. Thiers, au sujet de la politique à suivre dans les affaires de la Plata (le ministre des affaires étrangères, le général de la Hitte, se défiant de son peu d'habitude de la tribune, l'avait prié de prendre la parole à sa place dans cette question); M. Rouher sortit victorieux de cet assaut d'éloquence, malgré l'incontestable habileté de son redoutable adversaire, et rallia la majorité de l'assemblée à l'opinion du gouvernement. M. Rouher prit une part brillante à de nombreuses discussions, à celle de la loi sur la réforme du régime hypothécaire, notamment au débat de la loi sur la presse. On se souvient qu'à cette occasion il lança à ses contradicteurs cette phrase énergique : « *Votre révolution de février n'a été qu'une* CATAS-TROPHE. » Le mot excita une grande rumeur, mais il est resté. » Ajoutons ici, que, comme garde-des-sceaux, M. Rouher introduisit diverses innovations utiles, notamment les casiers judiciaires, qui rendent aujourd'hui de si précieux services..... non pas aux malfaiteurs.

## IV

Nous l'avons dit, la France traversait alors une époque de convulsion sociale. M. Rouher quitta le ministère de la justice le 24 janvier 1851. (Le cabinet du 31 octobre fut renversé par un coup de majorité, à l'occasion de la destitution du général Changarnier comme commandant des gardes nationales et des troupes du département de la Seine.) Il reprit son portefeuille le 10 août 1851 et retrouva ses anciens collègues, MM. Baroche et Fould. Ce cabinet fut renversé de nouveau le 26 octobre 1851.

Après le 2 décembre de la même année, M. Rouher accepta résolûment de faire partie du nouveau cabinet comme ministre de la justice, et son énergie fut à la hauteur des difficultés du moment. On se souvient, du reste, que le cabinet du 3 décembre, bien accueilli par l'opinion publique, justifia pleinement, par sa fermeté, la confiance qu'il inspirait.

Quelques mois plus tard, M. Rouher, qui avait donné sa démission avec plusieurs de ses collègues, fut appelé par le Président de la République, aux fonctions de président de la section de législation au Conseil d'État, concourut en cette qualité à la préparation de lois importantes, fut nommé vice-président du Conseil d'État le 7 janvier 1853, prit une part considérable aux travaux du Conseil, et acquit dans cette assemblée une autorité de plus en plus grande. Ses connaissances variées, son art d'élucider les questions les plus ardues, le faisaient rechercher dans diverses branches du service administratif, et c'est ainsi qu'il fut président de la commission des retraites pour la vieillesse, membre de la commission chargée de procéder à la répartition de la somme de huit millions affectée à l'exécution des dispositions testamentaires de l'Empereur Napoléon Ier, enfin membre de la commission de l'Exposition universelle de 1855.

## V

Jusqu'ici, nous avons vu le jeune avocat du barreau de Riom, le représentant du Puy-de-Dôme, honoré de l'affection de ses compatriotes et de la confiance du chef de l'État, agrandir la sphère de son action, mais sans sortir en quelque sorte du domaine de la justice et de la magistrature. Il avait cependant, à la tribune et au Conseil d'État, touché à certaines questions d'économie politique, d'agriculture, de finances ou d'industrie, et il les avait traitées avec la compétence d'un maître et le libéralisme intelligent d'un esprit ouvert aux idées de progrès et d'améliorations sociales. Napoléon III, de son côté, après avoir fait, selon sa belle expression, rentrer dans son lit le fleuve révolutionnaire, voulait assurer à la France la prospérité avec le repos fécond, et, méditant son grand projet de réforme économique, il appela auprès de lui M. Rouher comme ministre de l'agriculture, du commerce et des travaux publics. C'est en quelque sorte la seconde phase de la carrière politique de M. Rouher. Ce n'est pas la moins active ni la moins glorieuse. On en jugera par là simple nomenclature des principaux actes de son administration. La voici :

*Chemins de fer.* — Traités de 1857 et 1859 avec les Compagnies des chemins de fer. — Répartition de toutes les lignes entre les cinq grandes Compagnies. — Réduction des subventions promises par l'État. — Création du second réseau assurée presque sans subvention. — Cahier des charges unique appliqué à toutes les compagnies et stipulant des abaissements de tarifs et autres avantages pour le public et pour l'État.

*Agriculture et commerce.* — Loi sur les sociétés en commandite par actions. — Impulsion donnée aux travaux de défense contre les inondations après le désastre de 1856. — En 1858, établissement à Paris de la liberté de la boucherie. — Concours régionaux. — Nombreuses améliorations pour l'agriculture. — Traités de commerce avec l'Angleterre, la Belgique, la Prusse et le Zollverein. — Enquête laborieuse dirigée par le ministre sur la situation de l'industrie française.

*Mesures qui ont été la conséquence du nouveau régime douanier.* — Suppression de l'échelle mobile. — Abolition du pacte colonial. — Libre entrée des matières premières. — Création des chemins de fer industriels. —

Rachat des canaux pour rendre les transports plus économiques. — Modification de la législation sur les sucres, en vue de procurer ce produit à meilleur marché aux consommateurs et de faire de la France le grand marché des sucres de l'Europe. — Enquête sur la marine marchande pour arriver à affranchir le commerce maritime des entraves qui gênent son développement; et nombre d'autres réformes conseillées ou réalisées par M. Rouher, dont l'esprit libéral, dans le sens vraiment patriotique, n'a reculé devant aucune difficulté pour concourir à la prospérité du pays et seconder ainsi les nobles intentions de Napoléon III, telles que les travaux d'assainissement dans la Dombes, la Sologne et les Landes. — Le drainage. — Les eaux minérales. — La loi sur la mise en valeur des biens communaux. Est-ce là une période inactive dans l'existence de M. Rouher? Et l'on peut voir, par cette énumération encore incomplète, si, sous le règne de Napoléon III, un ministère est une sinécure.

Cependant combien de faits et de souvenirs nous ont échappé! Rappellerons-nous le voyage fait en Savoie, en 1861, par M. Rouher, chargé d'une haute mission de confiance? Mentionnerons-nous la part qu'il prit à l'Exposition universelle agricole et, tout récemment, à l'Exposition de Londres, où, répondant à lord Grandville, il prononça cette phrase significative : « Aujourd'hui, chaque facture signée à Birmingham, à Manchester, à Reims, à Mulhouse, détruit les germes de haine qui peuvent exister encore entre les deux nations. Elle est une garantie de cette paix si nécessaire au progrès des deux peuples et à la civilisation du monde. »

## VI

Voilà la part de l'homme politique (1), du ministre qui, depuis 1856, fait partie du Sénat et qui, en outre, assistait très-fréquemment aux délibérations du Conseil d'État et y défendait toutes les mesures importantes qu'il soumettait à son examen. Quant à l'homme dans les relations de la vie intime, affectueux et obligeant pour tous, il aime à donner des preuves de sa sympathie filiale pour l'Auvergne en témoignant à ses compatriotes

(1) S. Ex. M. Rouher est grand-croix de la Légion d'honneur depuis 1860. Il est, en outre, décoré de l'ordre du Chêne (Pays-Bas), de l'ordre de Léopold (Belgique), de l'Aigle-Noir (Prusse), etc.

connus ou inconnus une bienveillance exquise.
Le département du Puy-de-Dôme et la ville
de Riom en particulier ne restent pas en retard
de sentiments de cordialité à l'égard du ministre d'État. À son arrivée dans sa ville natale, à l'époque du voyage de Leurs Majestés
en Auvergne, un grand nombre de ses amis,
de ses concitoyens, vinrent à sa rencontre, et
M. Tallon, maire de Riom, lui adressa au
nom de tous de cordiales paroles. M. Rouher
remercia affectueusement le maire et toutes
les personnes présentes, et dit, entre autres
choses, « qu'il venait en simple particulier
assister à la réception de Leurs Majestés
dans sa ville natale. » Cette démonstration
flatteuse recommença lorsque M. Rouher vint
à la gare en compagnie de Madame Rouher,
de sa fille aînée, et de M. Gustave Rouher,
son neveu, auditeur au Conseil d'État et chef

de son cabinet, quelques instants avant l'arrivée du train impérial. Partout, sur leur
passage, le ministre et sa famille trouvèrent
l'accueil le plus sympatique.

Ajoutons que Son Excellence le ministre
ne laisse jamais échapper sa sollicitude pour
les intérêts du pays où il est né. « Ce pays,
dont nous ne sommes jamais éloigné par le
cœur, — disait lui-même M. Rouher dans
son remarquable discours à l'ouverture de la
session du Conseil général du Puy-de-Dôme,
et auquel, avec un soin pieux et reconnaissant,
nous reportons tout, joies, douleur, émotions
de famille, situation politique, influence sociale. » Et l'éminent homme d'État s'empres-
sait d'ajouter : « Si quelques-uns de nous,
par les hasards de la vie publique, peuvent,
dans cette œuvre commune, apporter un
contingent plus considérable, croyez qu'ils

ne feront pas défaut. » Nobles et touchantes paroles qui révèlent les sentiments d'un grand cœur.


## VII


Le 24 juin 1863, un décret impérial nommait M. Rouher, ministre présidant le Conseil d'État. A ces hautes fonctions venait s'adjoindre la mission d'expliquer et de défendre, de concert avec le ministre d'État et avec le concours des membres du Conseil d'État, les questions portées devant le Sénat et le Corps législatif.

Le 18 octobre, un nouveau décret que nous avons mentionné en tête de cette Notice, a appelé M. Rouher à recueillir l'héritage de

M. Billault. Le talent, l'intelligence, le dévouement à l'Empire et à l'Empereur, dont
M. Rouher a donné tant de preuves depuis
son entrée aux affaires, sont là pour attester
que le nouveau ministre sera à la hauteur de
son mandat.

18 Octobre 1863.

FIN